Dieses Buch gehört

UNTER WASSER

VOM BACH BIS ZUR TIEFSEE

*** Entdecken · Verstehen · Mitmachen ***

BOHEM

Vorwort

BLUBB sagt der Fisch und QUAK sagt der Frosch. Das weißt du wahrscheinlich schon. Aber es gibt in der wunderbaren Welt unter Wasser noch viel mehr zu entdecken. Sowohl im Süßwasser als auch im Salzwasser. Weißt du zum Beispiel, wie viele Arten von Haien es im Meer gibt? Oder dass Papa Seepferdchen die Eier in einem Beutel auf seinem Bauch ausbrütet? Dass eine Krabbe zwei verschiedene Scheren hat? Eine stumpfe und eine scharfe. Und dass es Fische mit Namen wie Seehase, Kofferfisch und Feuerfisch gibt? Beim Ausmalen, Rätsellösen und Entdecken in diesem Buch erfährst du noch allerhand mehr. Du wirst erstaunt sein, was du alles lernen kannst.

Viel Spaß auf deiner Entdeckungsreise!

Ausmalen

Rätsel lösen

Raten

Lesen

Entdecken

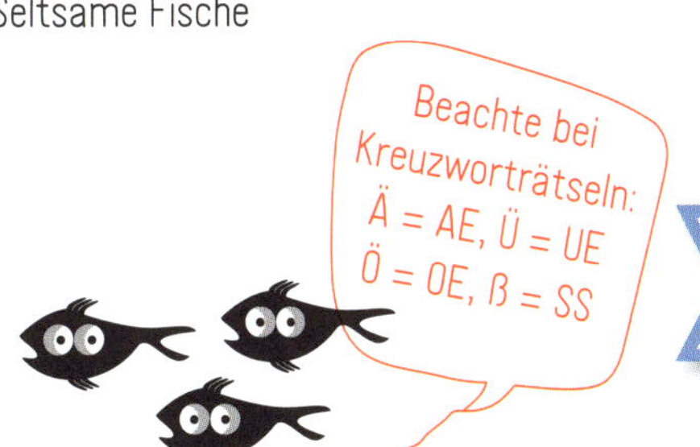

SPRUNG INS WASSER

In, auf und an einem Teich leben viele Tiere. Einige sind immer unter Wasser, andere tauchen nur manchmal unter oder stecken ihren Kopf kurz hinein. Und dann gibt es Tiere, die nur als „Kind“ im Wasser leben.

Wo sind sie?

Finde diese Tiere im Teich.
Hast du eines gefunden? Dann zeichne eine Linie vom Tier zum blauen Stern beim Namen.

HOPP, PFERDCHEN, HOPP

Seepferdchen sind natürlich keine echten Pferde, sondern Fische. Irgendwie sehr seltsame Exemplare.

7 Fragen {und Antworten} zu Seepferdchen

1 Können sie schnell schwimmen?

Nein, sie sind die langsamsten Fische, die es gibt.

2 Wozu ist der Ringelschwanz da?

Es ist ein Greifschwanz. Seepferdchen hängen gern an einer Stelle. Um zu verhindern, dass die Strömung sie mitreißt, wickeln sie ihre Schwänze um einen Korallenzweig oder einen Algenstrang.

3 Was fressen sie?

Es mag bei so langsamen Fischen seltsam klingen, aber die Seepferdchen fressen kleine Meerestiere. Sie warten geduldig, bis eine kleine Garnele oder etwas Ähnliches auftaucht. Dann saugen sie sie blitzschnell mit dem röhrenförmigen Maul ein. Schwupp!

4 Gibt es unterschiedliche Arten?

Insgesamt gibt es fast 50 bekannte Seepferdchen-Arten. Das kleinste Seepferdchen ist nicht größer als ein Zuckerwürfel, das größte länger als eine Salatgurke.

5 Haben sie viele Feinde?

Nicht viele. Seepferdchen bestehen vor allem aus Knochen und haben sehr wenig Fleisch.

6 Stimmt es, dass die Männchen Eier legen?

Nein, das ist nicht wahr. Das Weibchen legt die Eier. Aber sie legt sie an einen ganz besonderen Ort: in einen Beutel auf dem Bauch des Vaters. Sie bleiben dort, bis die Jungen schlüpfen und oft sogar noch ein bisschen länger.

7 Leben sie auch in der Nordsee?

Ja, zwei Seepferdchenarten sind hier zu finden. Nur Taucher bekommen sie lebend zu sehen und dafür müssen sie schon genau hinschauen. Manchmal wird ein totes Seepferdchen an den Strand gespült. Pech für das Tier, Glück für den Finder.

Malen nach Zahlen

Male jede Fläche mit der richtigen Farbe aus und entdecke das Seepferdchen.

MEERES
SCHNECKEN
HÄUSER

SUCH DIE UNTERSCHIEDE

Auf den beiden Seiten sind dieselben Schneckenhäuser abgebildet. Obwohl ... Wenn du genau hinschaust, kannst du kleine Unterschiede entdecken. Findest du alle zehn?

Schnecken leben nicht nur in deinem Garten. Auf dem Meeresboden und auf Algen kriechen Tausende Arten von Meeresschnecken herum. Nach ihrem Tod wird ihr leeres Haus manchmal an den Strand gespült. Die Schneckenhäuser sehen wunderschön aus.

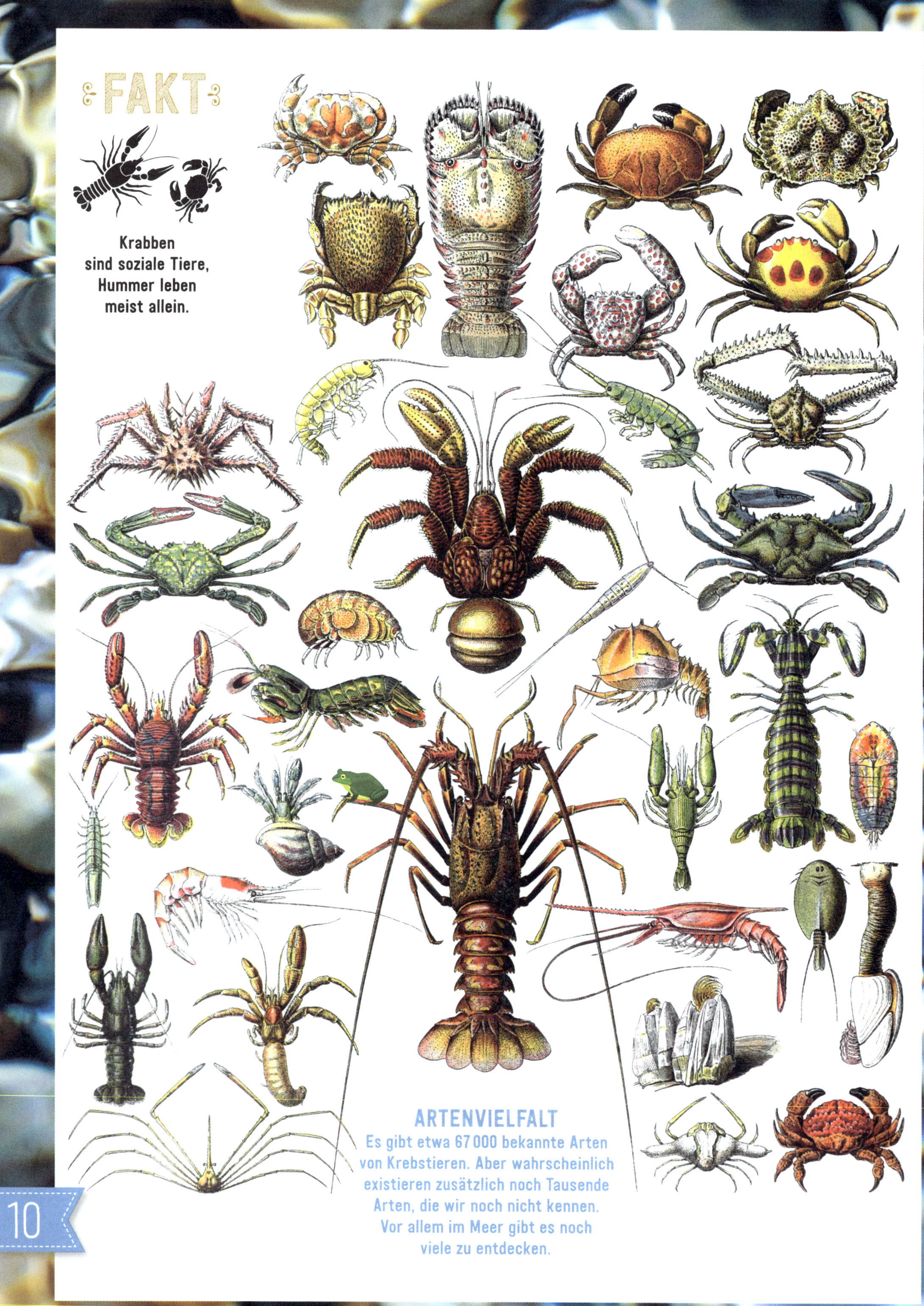

FAKT

Krabben sind soziale Tiere, Hummer leben meist allein.

ARTENVIELFALT

Es gibt etwa 67 000 bekannte Arten von Krebstieren. Aber wahrscheinlich existieren zusätzlich noch Tausende Arten, die wir noch nicht kennen. Vor allem im Meer gibt es noch viele zu entdecken.

HUMMER
& Krabben

Krebse und Hummer findest du überall auf der Welt. Die meisten leben im Meer. Es gibt Arten mit oder ohne Scheren oder Krabbelbeine – einige Arten sind gerade mal so groß wie ein Sandkorn, andere haben besenstiellange Beine wie die Japanische Riesenkrabbe.

WO SIND MEINE SCHEREN?

Dieser Hummer vermisst seine Scheren. Kannst du sie ihm zurückgeben? Beginne mit dem linken Vorderbein und ziehe eine Linie von 1 nach 2 nach 3 und so weiter. Ist die Schere wieder da? Dann mache dasselbe mit dem rechten Vorderbein.

GREIFEN UND KNACKEN

Der Hummer hat zwei verschiedene Scheren. Mit der schmalen Schere kann er Fische greifen und festhalten, mit der breiten kann er Schalen und Panzer seiner Beute knacken.

KÖNIG DER EISMEERE

An Land und auf dem Eis sind Pinguine lustige Watschelgänger. Aber unter Wasser werden sie zu pfeilschnellen Jägern. Schau dir diesen tauchenden **Königspinguin** an.

TAUCH-WELTMEISTER

Der Königspinguin ist ein fantastischer Taucher, aber sein Großneffe, der Kaiserpinguin, ist der beste. Manchmal taucht er länger als eine halbe Stunde! Ein Forscher hat einmal einen Tiefenmesser an das Bein eines Kaiserpinguins gebunden, um zu sehen, wie tief der Vogel untertaucht. Das Ergebnis:

565 METER!

ZEIGE DEM KÖNIGSPINGUIN DEN WEG ZUM FISCH.

Schwimmhäute
zwischen den ZEHEN
helfen ihm beim
Navigieren.
Sobald er taucht,
schieben sich licht-
rchlässige Membranen
vor seine AUGEN:
eine Art Tauch-
Kontaktlinsen.
Ein wasserdichtes
FEDERKLEID
und eine
Fettschicht
unter der Haut:
ein warmer
Taucheranzug.
Kräftige und
feste FLÜGEL
dienen als
Ruder.
Lang und scharf.
Der Pinguin hat eine
stachelige ZUNGE.
Damit kann er
geschickt glitschige
Fische und
Tintenfische
greifen.

Bestimmt hast du schon einmal Libellen fliegen sehen. Das können diese Insekten hervorragend. Schwimmen und tauchen können sie zwar nicht, doch als „Kinder" (Larven) waren sie sehr gut darin.

VOM U-BOOT ZUM DÜSENJET

UNTERWASSER-MONSTER

Ein Libellenkind sieht seinen Eltern überhaupt nicht ähnlich. Es versteckt sich am liebsten und lebt auf dem Grund eines Flusses, Sees oder Teichs.

Aus der Nähe sieht eine Libellenlarve wirklich gruselig aus. Und für kleine Wassertiere ist sie ein lebensbedrohliches Ungeheuer. Sie sitzt zwischen den Wasserpflanzen, greift mit ihrer Fangmaske nach Kaulquappen und anderen kleinen Tieren und frisst sie.

Wenn die Larve wächst, häutet sie sich mehrmals. Eines Tages wird sie unruhig. Sie krabbelt an einem Schilfhalm aus dem Wasser heraus. Dort häutet sie sich zum letzten Mal. Und was kommt zum Vorschein? Eine fertige Libelle mit vier Flügeln! Sie lässt sich kurz trocknen und fliegt davon. Um sofort wieder zu jagen, und zwar jetzt Fliegen und Mücken.

Oberhalb des Wassers platzt die Haut der Larve auf und die Libelle krabbelt heraus. Ganz kurz plustert sie die Flügel zum Trocknen auf und fliegt davon.

Eine Libellenlarve unter Wasser. Hier jagt sie andere Wassertiere.

Male die Libelle und ihre Umgebung in schönen Farben aus.

QUALLEN
Parade

Kaum jemand mag Quallen. Wenn sie am Strand liegen, sehen sie wie ein dicker Klecks Schnodder aus. Aber unter Wasser sind sie wunderschön. Und nicht alle Quallen nesseln.

WUSSTEST DU ...
dass es auch Süßwasserquallen gibt? Sie sind auch bei uns zu finden, aber nur in wenigen Seen. Zum Glück nesseln sie nicht.

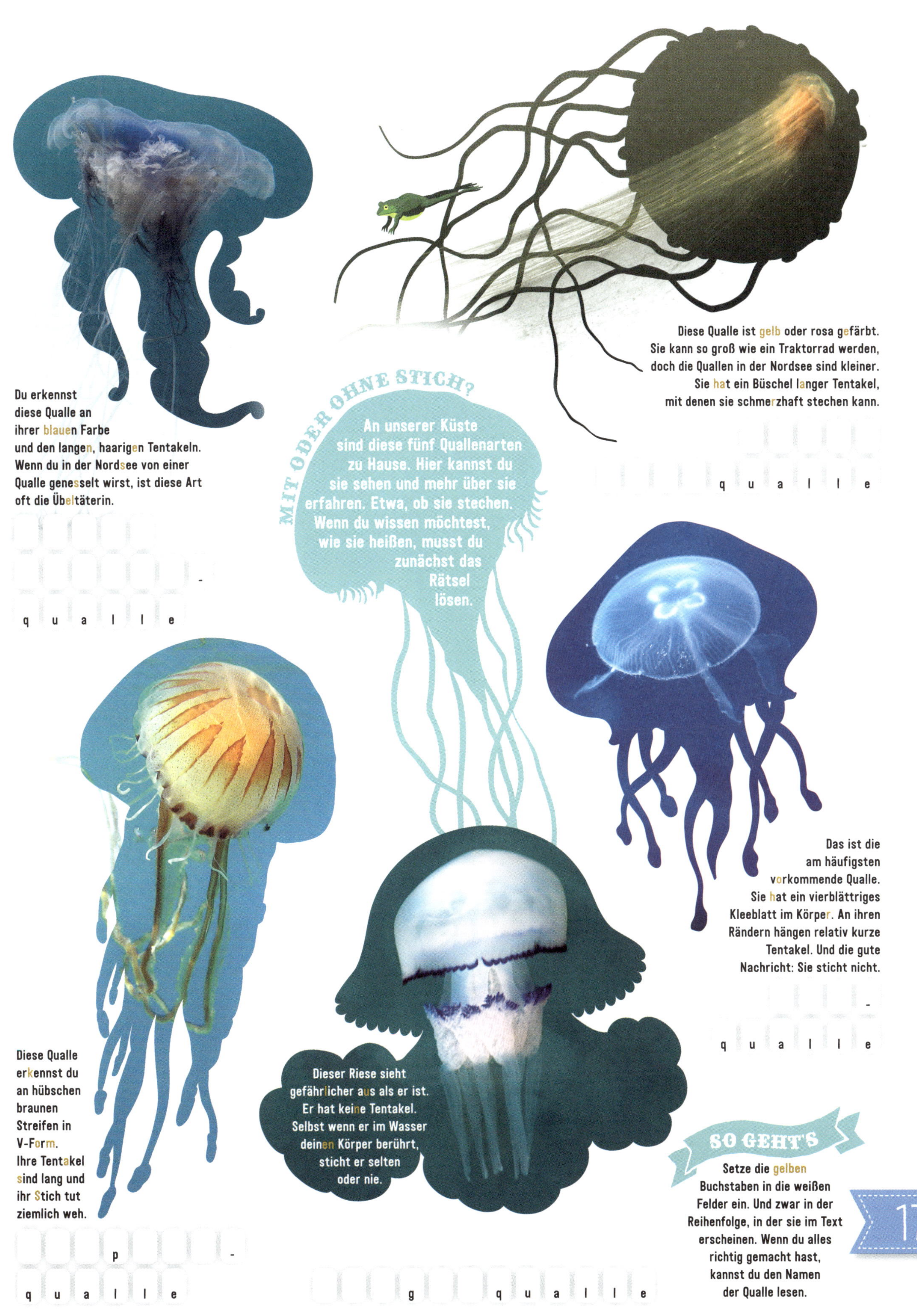

Du erkennst diese Qualle an ihrer blauen Farbe und den langen, haarigen Tentakeln. Wenn du in der Nordsee von einer Qualle genesselt wirst, ist diese Art oft die Übeltäterin.

\- q u a l l e

Diese Qualle ist gelb oder rosa gefärbt. Sie kann so groß wie ein Traktorrad werden, doch die Quallen in der Nordsee sind kleiner. Sie hat ein Büschel langer Tentakel, mit denen sie schmerzhaft stechen kann.

q u a l l e

MIT ODER OHNE STICH?

An unserer Küste sind diese fünf Quallenarten zu Hause. Hier kannst du sie sehen und mehr über sie erfahren. Etwa, ob sie stechen. Wenn du wissen möchtest, wie sie heißen, musst du zunächst das Rätsel lösen.

Das ist die am häufigsten vorkommende Qualle. Sie hat ein vierblättriges Kleeblatt im Körper. An ihren Rändern hängen relativ kurze Tentakel. Und die gute Nachricht: Sie sticht nicht.

\- q u a l l e

Diese Qualle erkennst du an hübschen braunen Streifen in V-Form. Ihre Tentakel sind lang und ihr Stich tut ziemlich weh.

p - q u a l l e

Dieser Riese sieht gefährlicher aus als er ist. Er hat keine Tentakel. Selbst wenn er im Wasser deinen Körper berührt, sticht er selten oder nie.

g q u a l l e

SO GEHT'S

Setze die gelben Buchstaben in die weißen Felder ein. Und zwar in der Reihenfolge, in der sie im Text erscheinen. Wenn du alles richtig gemacht hast, kannst du den Namen der Qualle lesen.

SECHS SÜSSWASSER-RÄTSEL

Bei den Rätseln auf dieser Doppelseite dreht sich alles um Tiere, die im Süßwasser leben. Viel Spaß beim Knobeln.

Doppelt gemoppelt

F	A	B	A	R	O	D
F		K		Y		O
J	Z	R	X	L	P	Q
S		C		U		T
U	S	V	C	W	H	H

Wähle ein weißes Kästchen. Suche den Buchstaben, der zweimal um das Kästchen steht, und schreibe ihn hinein. Wenn du alle gefundenen Buchstaben nacheinander liest – zuerst die obere Reihe, dann die untere Reihe – findest du ein Wassertier.

Frosch & Kind

Führe die Froschmutter zur Kaulquappe.

Abwechselnd

Wie heißt dieser Süßwasserfisch?
Wenn du abwechselnd einen Buchstaben stehen lässt und den nächsten streichst, erhältst du die Antwort.

S a t e i r c h h o l l i r n o g

He rpf le

Fo ö t

St rel en

Ka ch r

Von Kopf bis Fuß

Zeichne eine Linie zwischen Kopf, Körper und Schwanz. Dann weißt du, wie diese Süßwasserfische heißen. Die Forelle haben wir schon gefunden. Viel Glück bei den anderen drei Fischen!

Schüttelfische

Die Fischnamen sind etwas durcheinandergeraten. Aus „Barpfen" und „Karsch" muss natürlich „Karpfen" und „Barsch" werden. Es gibt immer zwei Fische, die zusammenpassen. Verbinde sie mit einer Linie.

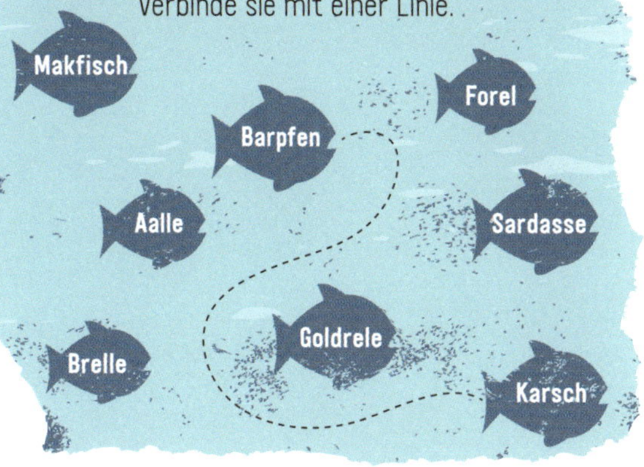

Makfisch
Forel
Barpfen
Aalle
Sardasse
Brelle
Goldrele
Karsch

_ _ _ _ _ _

Fressfeind

Das Süßwassertier, das du oben siehst, ist eine Leibspeise vom unten abgebildeten Tier, doch wie heißen sie wohl? Ordne den Buchstabensalat und bilde daraus zwei Namen.

h r t l e N o c a M t

_ _ _ _ _ _ _

14 6 2 12 7 11 5 1 9 15

MURÄNE

SEEHASE

VENUSGÜRTEL

KNURRHAHN

BLUTKORALLE

Meeresrätsel

Die Namen dieser Meeresbewohner herauszufinden, ist ein echt schweres Rätsel. Aber mit Geduld und guten Augen wirst du Erfolg haben. Die Lösung ist ein Wort für etwas, das du im Wattenmeer finden kannst und das ein wichtiger Lebensraum für viele Arten von Meereslebewesen ist.

SO GEHT'S

* Unter jedem Puzzleteil steht der Name des abgebildeten Meerestiers.
* Schau, wo das Puzzleteil passt. In dieser Öffnung siehst du eine Zahl.
* Schreibe den Namen des Meerestieres neben diese Zahl in die Kästchen.
* Du hast alle Kästchen ausgefüllt? Dann liest du in den orangen Kästchen von oben nach unten das Lösungswort.

LUNGENQUALLE

1
4
5
11
6
7
12
10
8
15
13
3
2
14
9

ZACKENBARSCH

SEESPINNE

KALMAR

ZITTERROCHEN

SEEIGEL

SEEGURKE

LANGUSTE

MEERAAL

KATZENHAI

Wolfsbarsch
Seepferdchen
Thunfisch
Sardelle
Zackenbarsch
Zitter-
rochen
Meeräsche
Knurrhahn
Petersfisch
Seezunge
Makrele
Scholle
Wittling
Seenadel
Sardine
Glattbutt
Riesenrochen
Hering
Fuchshai
Katzenhai
Wimpelfisch
Barsch
Aal
Forelle
Barbe
Stint
Dreistachliger
Stichling
Lachs
Hecht
Neunstachliger
Stichling
Neunauge
Stör
Kofferfisch
Elritze
Rotauge
Gründling
Karpfen
Brasse
Schleie
Ukelei

WIE HEISST DER FISCH?

Auf dieser Seite siehst du sechs Fische ohne Namen. Auf der gegenüberliegenden Seite sind vierzig Fische mit Namen abgebildet. Wenn du genau hinsiehst, kannst du dort auch diese sechs finden. Dann weißt du, wie sie heißen.

- Schreib den Namen des Fisches auf die gestrichelte Linie unter der Zahl.
- Notiere den ersten Buchstaben jedes Namens unter der Zahl im Bilderrahmen.
- Wenn du alles richtig machst, kannst du den Namen eines anderen Fisches lesen.
- Suche den Fisch im großen Bild.
- Zeichne ihn so schön wie möglich in den Rahmen.

Zähle die Kaulquappen

Möchtest du wissen, wie viele Eier eine Wasserfroschmutter an einem schönen Frühlingstag ablegt? Zähle dann die Kaulquappen, die auf diesen beiden Seiten herumschwimmen. Schreibe die Zahl in die leeren Kästchen vor der Null.

AUS EINEM KLUMPEN LAICH ENTSTEHEN ☐☐☐0 KAULQUAPPEN.

TIPP Streiche jede gezählte Kaulquappe durch, damit du keine doppelt zählst!

Laich und Kaulquappe

Frösche legen schleimigen Laich im Wasser ab. Jedes schwarze Kügelchen darin ist ein Ei. Daraus entwickelt sich eine Kaulquappe – sie ähnelt eher einem Fisch als einem Frosch.

Randvoll

Ein Aquarium ist ein mit Wasser gefülltes Glasgefäß. Mit hübschen Wasserpflanzen und niedlichen Wassertieren wird es erst richtig schön. Du kannst sie stundenlang beobachten.

AUSMALEN UND ZEICHNEN

Ein Glasgefäß nur mit Wasser ist langweilig. Interessant wird es erst mit Fischen und Wasserpflanzen. Die Pflanzen sind schon da, aber sie sind noch weiß. Male sie farbig aus. Zeichne anschließend Fische und andere Wassertiere. Je mehr und je bunter, desto besser.

EIN AQUARIUM

Wünschst du dir ein echtes Aquarium? Großartig, aber weißt du auch, wie viel Arbeit das macht? Die Fische müssen gut versorgt werden. Ein paar Löffel Futter reichen da nicht. Für ein Gefäß mit tropischen Süßwasserfischen benötigst du eine Heizung. Und eine Pumpe mit einem Filter, damit das Wasser frisch bleibt. Auch ein Aquarium mit selbst gefangenen Tieren aus dem Teich ist eine aufwendige Sache. Im Wohnzimmer wird das Wasser oft zu warm. Und ehe du dich versiehst, hat ein Wasserkäfer wieder eine Kaulquappe verschlungen. Wenn du dir Tiere aus dem Teich genauer ansehen möchtest, solltest du am besten direkt nach draußen. Hast du das Wassertier gesehen und vielleicht sogar ein Foto gemacht? Dann kann es direkt zurück ins Wasser.

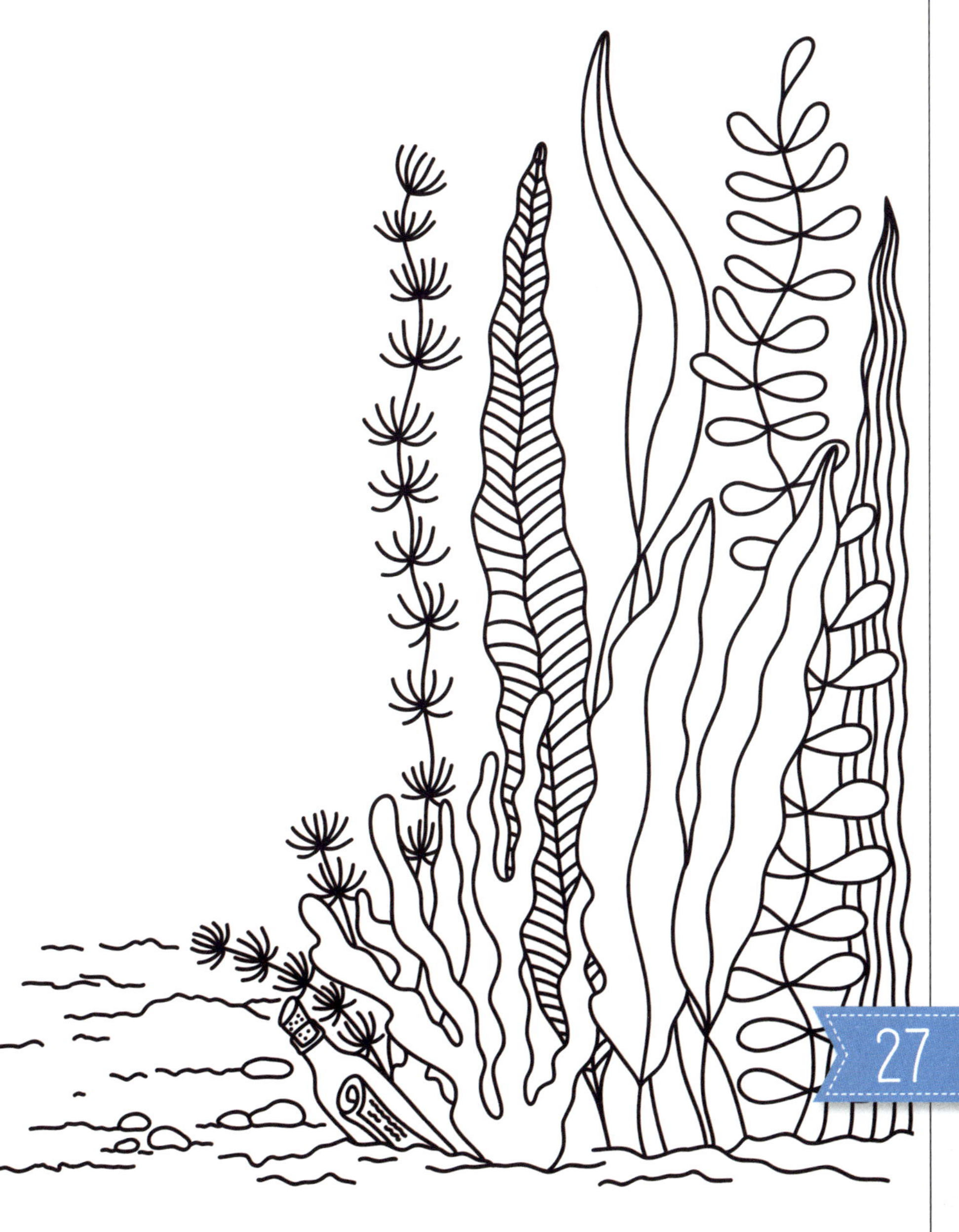

ROBBEN

Robben sind fantastische Schwimmer und Taucher. Aber sie faulenzen auch gern am Strand oder auf dem Eis. Sie frieren nicht sehr schnell.

Hungrige Seelöwen

Seelöwen brauchen jede Menge Energie, um zu schwimmen und ihren Körper zu warm zu halten. Deshalb müssen sie viel Nahrung zu sich nehmen. Ein 200 Kilo schwerer Seelöwe frisst bis 30 Kilo Fisch und Tintenfisch am Tag. Und gelegentlich auch einen Hummer.

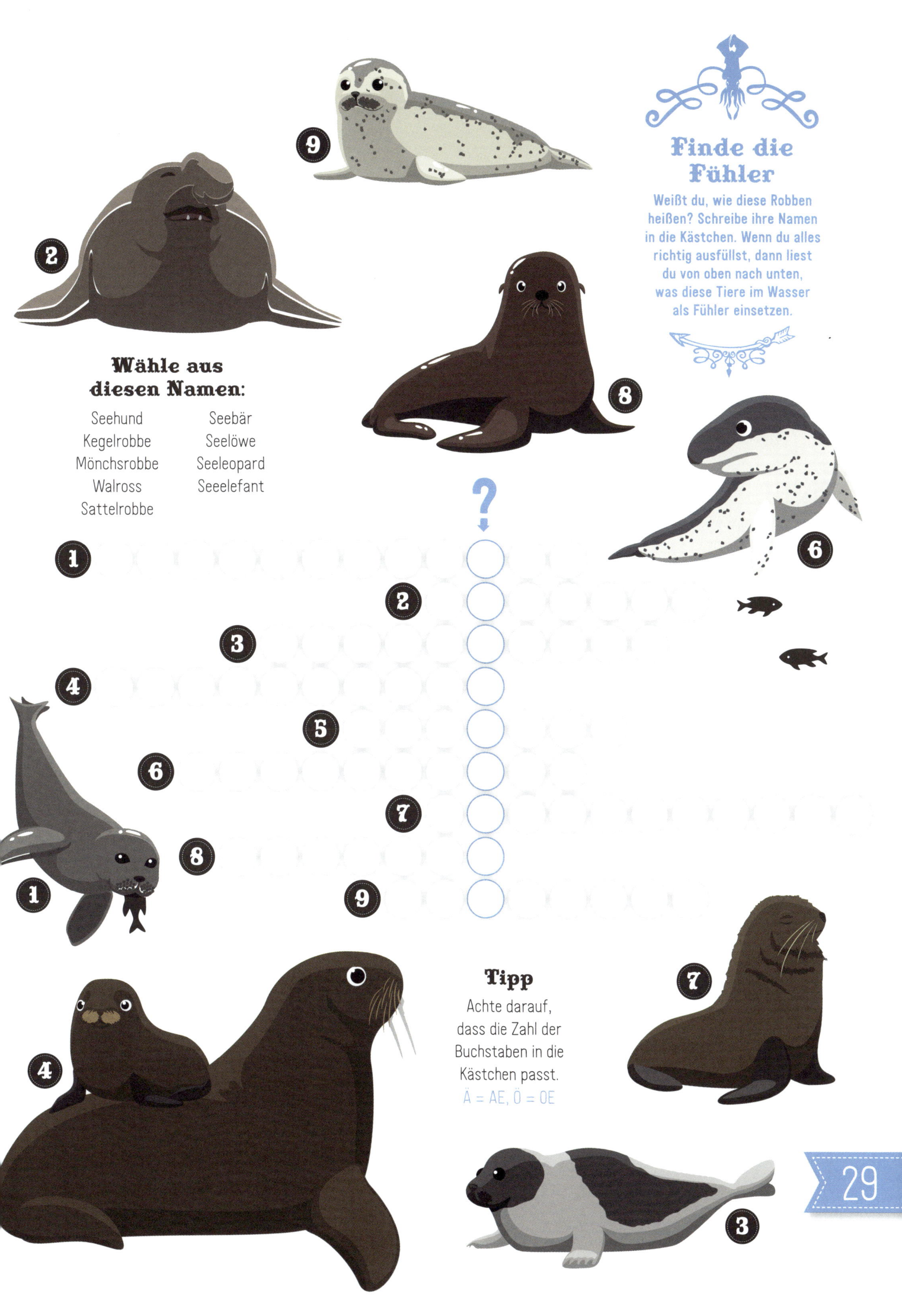
Finde die Fühler
Weißt du, wie diese Robben heißen? Schreibe ihre Namen in die Kästchen. Wenn du alles richtig ausfüllst, dann liest du von oben nach unten, was diese Tiere im Wasser als Fühler einsetzen.
Wähle aus diesen Namen:
Seehund
Kegelrobbe
Mönchsrobbe
Walross
Sattelrobbe
Seebär
Seelöwe
Seeleopard
Seeelefant
?
1
2
3
4
5
6
7
8
9
Tipp
Achte darauf, dass die Zahl der Buchstaben in die Kästchen passt.
Ä = AE, Ö = OE

DIE STERNE DER SEE

In der Nordsee findest du vor allem rosa Seesterne, aber es gibt sie auch in vielen anderen Farben. Von Knallblau bis Gelb mit roten Sprenkeln. Kannst du diesen blassen Seesternen ein wenig Farbe geben?

ARME UND BEINE

Es gibt mehr als 1500 Arten von Seesternen. Einige haben bis zu zwanzig Arme, aber die meisten haben fünf. Manchmal verlieren sie einen. Kein Problem, der Arm wächst wieder nach! Und mehr noch: Manchmal wächst sogar der abgebrochene Arm zu einem neuen Seestern heran. Auf der Unterseite der Arme sitzen Hunderte von weichen Strängen, jeweils mit einem Saugnapf an der Spitze. Mit diesen „Füßen" laufen die Seesterne auf dem Meeresboden. Seesterne haben also Arme als Füße!

WAHR oder GELOGEN?

Unter Wasser begegnest du den seltsamsten Tieren und jedes Tier hat seine eigene Geschichte. Auf diesen Seiten erfährst du sehr merkwürdige Fakten. Aber aufgepasst: Nicht alles ist wahr. Auf der rechten Seite siehst du, was stimmt.

1 Fahnenbarsche leben in Gruppen: ein Männchen mit etwa zehn Weibchen. Das Männchen spielt den Chef. Wenn es stirbt, verwandelt sich die herrischste Frau der Gruppe in ein Männchen.

WAHR NICHT WAHR

2 Der Seehase, der Spaghetti-Pinguin und die Klappmütze existieren wirklich.

TATSÄCHLICH
AUF KEINEN FALL

3 Walrossweibchen haben zwar keine Stoßzähne, aber Barthaare.

RICHTIG
FALSCH

4 In spanischen Bächen lebt ein Salamander, der sich seine Rippen durch seine Haut sticht.

JA NEIN!

5 Der Schnurwurm wird fast genauso lang wie der größte Wal. In der Nordsee wurde bereits ein Exemplar von 25 m Länge gefunden.

KORREKT
UNSINN

6 Bei Seepferdchen wird das Männchen schwanger.

STIMMT
QUATSCH

TIPP

Decke die rechte Seite ab, dann kannst du nicht spicken. Mehr Spaß macht es zu zweit: Du liest die Frage laut vor, der andere sagt, ob sie wahr ist oder nicht. Oder andersherum. Und dann lest ihr zusammen, was richtig ist.

7 In Tümpeln im Amazonasgebiet schwimmen 25 cm lange Kaulquappen. Aus ihnen werden 70 cm lange Frösche.

KLAR NÖ

8 Der Schützenfisch wirft mit Steinen nach Insekten, die über dem Wasser auf einem Ast sitzen. Wenn sie dann ins Wasser fallen, frisst der Fisch sie.

SICHER
AUF KEINEN FALL

SO IST ES

1 Ja, das ist wahr. Das Männchen dieser Korallenfischart ist heller gefärbt und hat einen langen Stachel auf seiner Rückenflosse. Wenn es stirbt, wird eines der Weibchen blasser und nach und nach wächst der vordere Teil der Rückenflosse zu einer langen „Flagge". Auch im Körper verändert sie sich vom Weibchen zum Männchen.

2 Der Seehase ist ein Meeresfisch, der auch in der Nordsee anzutreffen ist. Er hat einen Saugnapf am Bauch. Die Klappmütze ist eine Robbe vom Nordpol. Wenn das Männchen ein schönes Weibchen sieht, bläst es einen roten Ballon aus seinem Nasenloch. Den Spaghetti-Pinguin gibt es nicht, also ist die Antwort hier „Auf keinen Fall". Allerdings existiert ein Makkaroni-Pinguin.

3 Es ist richtig, dass Walrossfrauen einen Schnurrbart haben. Sie können nicht ohne ihn leben, denn Walrosse benutzen Barthaare als Fühler. Damit spüren sie selbst in dunklem und trübem Wasser auf dem Meeresgrund Austern auf. Die Weibchen haben auch Stoßzähne. Diese sind etwas kürzer als die der Männer, aber immer noch recht lang. Walrosse benutzen diese Zähne, um ihre schweren Körper aus dem Wasser auf eine Eisscholle zu ziehen. Es ist also falsch.

4 Es klingt sehr seltsam, aber es ist wahr. Es ist der Rippenmolch. Wenn dieses Wassertier von einem Feind gefangen wird, zieht es blitzschnell seinen Bauch ein. Dann durchbohren seine messerscharfen Rippen seine giftige Haut. Die stechenden Wunden stören ihn kaum, denn sie heilen schnell. Aber das Tier (oder der Mensch), das ihn fangen wollte, leidet unter den giftigen Stichen.

5 Also, es wird immer verrückter: In der Nordsee wurde ein 55 Meter langer Schnurwurm gefunden. Er ist 25 Meter länger als der größte Wal! Aber viel dünner: Er passt in einen Eimer. Ein Wal würde da nicht hineinpassen.

6 Seepferdchen sind seltsame Fische. Nicht nur wegen ihres Aussehens, sondern auch wegen der Art der Fortpflanzung. Das Männchen hat einen Beutel auf dem Bauch, in den das Weibchen ihre Eier legt. Die Babys bleiben einige Zeit im Beutel ihres Vaters. Dort sind sie sicher und haben genug zu fressen, denn der Vater produziert eine spezielle Babynahrung. Wenn sie ein bisschen größer sind, drückt der Vater die Jungen aus dem Beutel. So werden die Kinder geboren. Es stimmt also.

7 Das mit den großen Kaulquappen stimmt. Nur verwandeln sie sich allmählich in sieben Zentimeter große Frösche. Sie schrumpfen also, wenn sie erwachsen werden! Also ein klares Nein.

8 Der Schützenfisch existiert, aber er wirft keine Steine. Es ist also nicht wahr. Aber er benimmt sich schon etwas seltsam, denn er spuckt Wassertropfen auf Insekten. Und zwar ziemlich fest und dabei zielt er auch sehr gut. Mit seiner „Wasserpistole" schießt er aus drei Metern Entfernung einen Grashüpfer von einem Ast.

Bunte Korallenfische

Rund um das Korallenriff leben Fische mit den schönsten Farben und seltsamsten Formen. Auf der linken Seite schwimmen einige von ihnen. Der Korallenfisch unten ist erst richtig zu sehen, wenn du alle Kästchen ausgemalt hast.

Male jede Fläche in der richtigen Farbe aus

In einer Fläche steht keine Zahl? Dann bleibt sie weiß.
Hast du einen silberfarbenen Bunt-, Filz- oder Bleistift?
Dann verwende ihn für die Zahl 7.

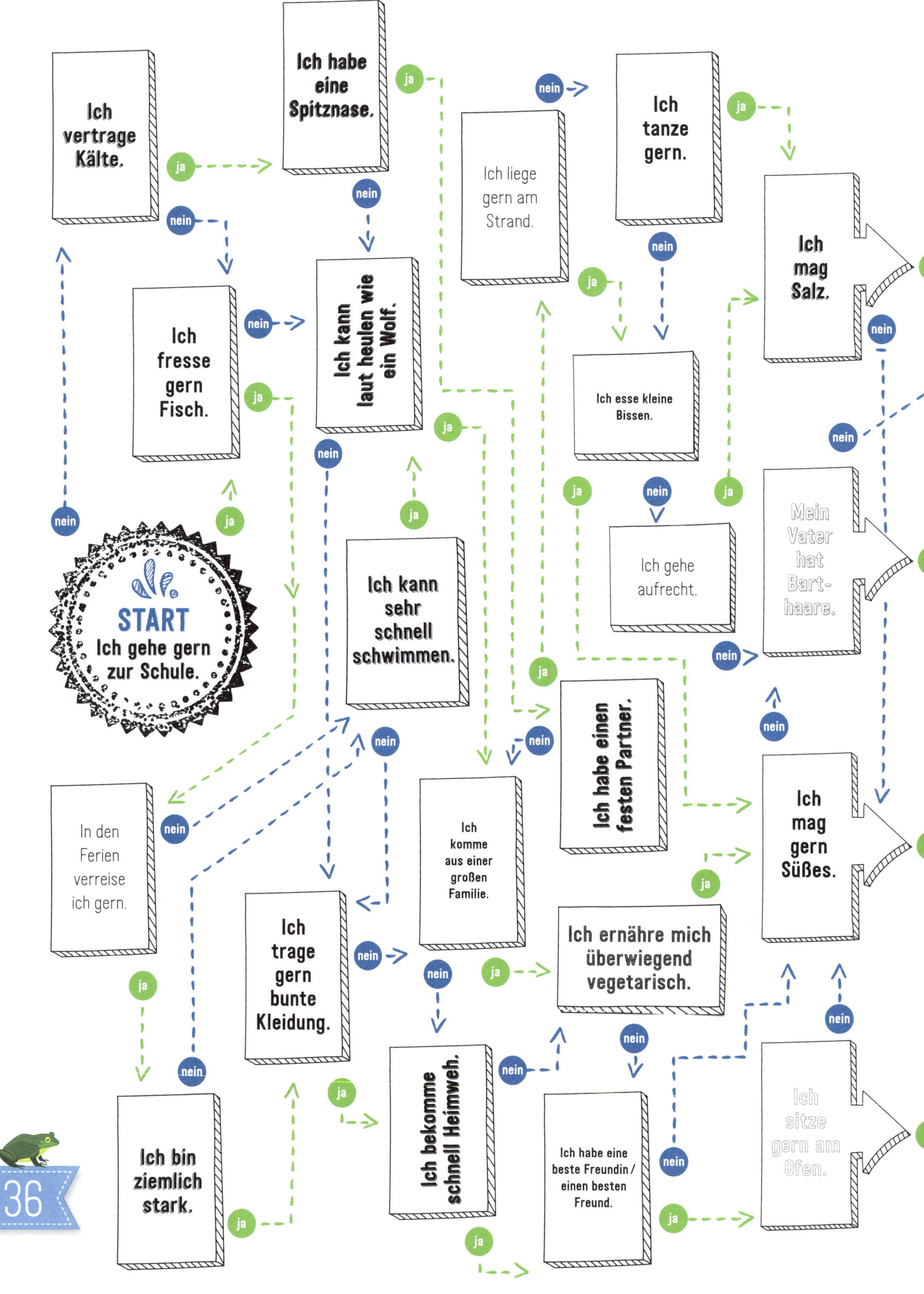
START
Ich gehe gern zur Schule.
Ich vertrage Kälte.
Ich habe eine Spitznase.
Ich liege gern am Strand.
Ich tanze gern.
Ich mag Salz.
Ich fresse gern Fisch.
Ich kann laut heulen wie ein Wolf.
Ich esse kleine Bissen.
Mein Vater hat Barthaare.
Ich gehe aufrecht.
Ich kann sehr schnell schwimmen.
Ich habe einen festen Partner.
In den Ferien verreise ich gern.
Ich komme aus einer großen Familie.
Ich mag gern Süßes.
Ich ernähre mich überwiegend vegetarisch.
Ich trage gern bunte Kleidung.
Ich bin ziemlich stark.
Ich bekomme schnell Heimweh.
Ich habe eine beste Freundin / einen besten Freund.
Ich sitze gern am Ofen.
ja
nein

Welches

WASSERTIER

bin ich?

Bist du eher eine Robbe oder eine Kaulquappe? Oder doch ein Pinguin? Ein Clownfisch vielleicht? Finde es mit diesem Test heraus.

Pinguin

Pinguine leben am Südpol. Sie können die Kälte gut ertragen. Auf dem Eis oder an Land laufen sie aufrecht. Dort treffen sich Weibchen und Männchen wieder, wenn es Zeit ist, ein Ei auszubrüten. Sie rufen sich gegenseitig und führen einen Tanz auf, wenn sie sich gefunden haben. Aber die meiste Zeit des Jahres schwimmen sie im Meer. Unter Wasser jagen sie Fische und Tintenfische, die sie im Ganzen herunterschlucken.

Seehund

Ein Seehund macht gern ein Nickerchen am Strand oder auf einer Sandbank. Dann geht er zurück ins Meer, um Fische zu jagen. Seine Barthaare dienen ihm dabei als Fühler. Dies ist besonders im trüben Wasser nützlich. Seehunden wird nie kalt, nicht einmal im Winter. Das Seehundjunge wird am Strand geboren. Wenn die Mutter zu lange wegbleibt, beginnt es laut zu heulen.

Kaulquappe

Eine Kaulquappe hat keinerlei Ähnlichkeit mit ihren Eltern. Sie sieht eher aus wie ein kleiner Ball mit einem Schwanz. Sie kann nicht sehr schnell schwimmen. Das muss sie auch nicht, denn sie ernährt sich von Algen. Sie frisst den ganzen Tag kleine Bissen. Du wirst nie eine Kaulquappe im Meer sehen. Und auch keinen Frosch. Sie mögen nämlich kein Salz..

Clownfisch

Der Clownfisch ist sehr bunt. Er lebt in der Nähe eines Korallenriffs im warmen Meer. Sein ganzes Leben bleibt er an einem Ort: zwischen den Tentakeln einer großen Seeanemone. Sie ist seine beste Freundin. Die Anemone nesselt den Clownfisch nicht, wohl aber seine Feinde. Sie ist also ein sicherer Ort. Das ist praktisch, denn der Clownfisch ist kein schneller Schwimmer. Als Dankeschön putzt der Fisch seine große Freundin, indem er kleine Stücke Schleim, Futter und Nahrungsreste zwischen den Tentakeln abknabbert.

TINTEN
FISCHE

Tintenfische sind keine Fische. Sie sind mit Schnecken und Muscheln verwandt. Mit ihren acht oder zehn Armen voller Saugnäpfe sind sie ganz besondere Meeresbewohner. Schön, geheimnisvoll und sehr beweglich.

Es gibt mehr als 600 Arten von Tintenfischen. Einige sind so groß wie ein Tischtennisball, andere so lang wie ein Bus.

Die Tintenfische auf der linken Seite sehen
den Tintenfischen auf der rechten Seite sehr ähnlich.
Aber es gibt einige Unterschiede.
Elf, um genau zu sein. Findest du sie?
SUCH DIE UNTERSCHIEDE

VERWIRRTER
FISCHER

Fischer Jan liebt Fische. Er findet sie prächtig. An seiner Wand hängen deshalb auch sehr viele Fischbilder. Aber die Namen ... Irgendetwas stimmt nicht!

Zeichne einen Fisch in den Rahmen und gib ihm einen Namen.

Die Namen sind nicht völlig falsch. Die Buchstaben stimmen, aber sie sind durcheinandergeraten. Kannst du sie in die richtige Reihenfolge bringen? Dies sind die Namen, aus denen du wählen kannst: KNURRHAHN, IGELFISCH, SEEHASE, SCHOLLE, KOFFERFISCH, GOLDMAKRELE, DRACHENKOPF, SCHWERTFISCH, FEUERFISCH und ROCHEN.

TAUCHER
oder Strandsucher?

Wenn du wissen möchtest, welche Tiere im Meer leben, zieh einen Taucheranzug an, setz deine Taucherbrille auf und schau unter Wasser nach. Aber es geht auch einfacher! Such einfach mal den Strand ab.

ROCHEN
SEESTERN
OHRENQUALLE
HERZMUSCHEL
Eierschale von einem
Panzer von einer gehäuteten
Möchtest du wissen, von welchen Meerestieren hier Teile angespült wurden? Dann folge dem Algenband ins Meer. Wenn du dich nicht unter Wasser verirrst, kommst du direkt zu dem Tier. Schreibe seinen Namen neben das Fundstück am Strand.
Leere Schale von einer
Toter, getrockneter

IN DEN OZEANEN

Auf diesen beiden Seiten siehst du verschiedene Fische und Wassertiere. Ihre Namen sind in dem Buchstabenquadrat versteckt. Sie sind nicht leicht zu finden, denn die Buchstaben schwimmen zu allen Seiten.

Finde die Namen im Quadrat und streiche sie durch. Sie können →, ←, ↓, ↑, ↗, ↙ und so ↘ in alle Richtungen zu lesen sein. Male die Tropfen aus, damit du weißt, welche Tiere du bereits gefunden hast. Und, alle gefunden? Schau dir das Quadrat von links oben nach rechts unten an. Schreibe die Buchstaben, die du nicht durchgestrichen hast, in die freien Kästchen neben den großen Fisch.

D	N	I	E	F	U	F	U	C	H	S	H	A	I	E	H	N	F	N
D	E	P	U	T	Z	E	R	L	I	P	P	F	I	S	C	H	W	R
O	H	T	S	E	L	T	M	P	O	T	T	W	A	L	S	M	E	E
K	C	I	E	E	E	R	E	U	S	H	C	A	L	H	I	E	I	T
T	O	A	S	O	E	S	E	E	E	N	P	G	N	T	F	S	S	S
O	R	H	A	F	R	E	S	L	Z	C	I	U	I	U	R	S	E	E
R	E	F	F	N	L	K	L	E	L	F	K	L	U	E	E	O	E	E
F	G	F	A	I	I	U	D	E	E	A	K	E	G	M	L	R	O	S
I	E	I	E	L	A	T	S	L	F	P	U	B	N	M	G	L	T	L
S	A	R	C	P	K	A	N	S	I	A	F	Q	I	L	N	A	T	T
C	S	I	H	F	A	K	I	N	D	H	N	E	P	E	A	W	E	D
H	I	S	E	E	L	O	E	W	E	E	C	T	R	R	K	R	R	N
H	O	R	R	R	M	D	P	O	L	A	L	S	E	D	R	A	V	M
U	E	A	F	D	A	E	H	C	S	O	R	F	S	E	C	N	R	E
M	B	T	I	S	R	U	E	L	A	W	S	N	I	E	W	H	C	S
M	B	N	S	D	K	R	O	K	O	D	I	L	A	N	R	P	E	O
E	A	A	C	L	O	W	N	F	I	S	C	H	K	L	A	E	R	N
R	R	M	H	M	W	I	M	P	E	L	F	I	S	C	H	E	E	E
R	K	S	T	E	C	H	R	O	C	H	E	N	I	L	R	A	M	M

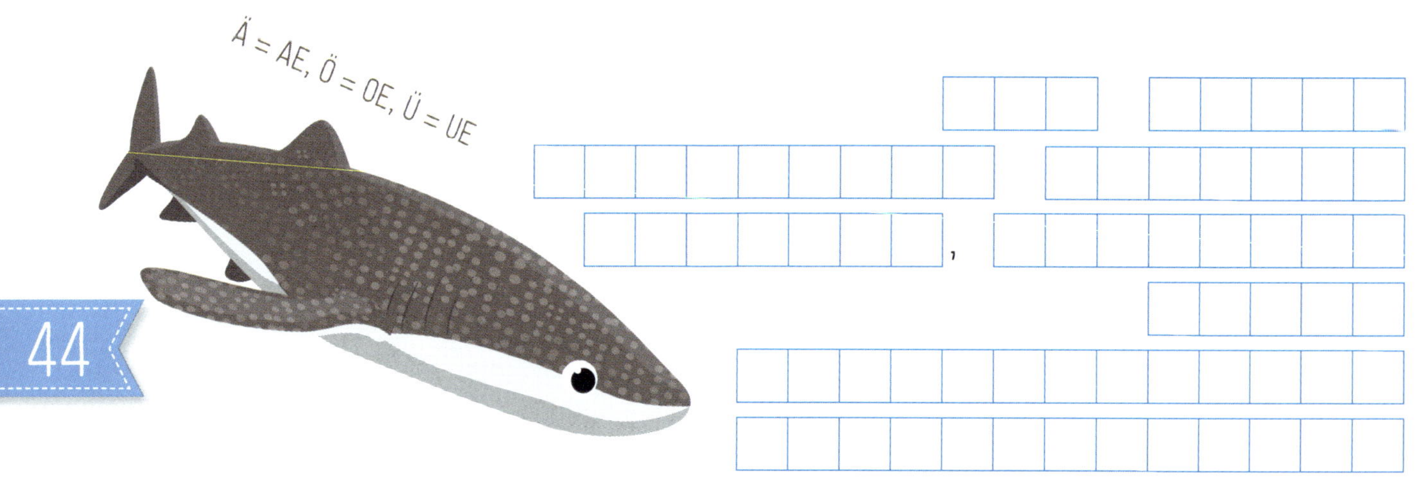

MANTA
KRABBE
RIFFHAI
KROKODIL
KAISERPINGUIN
NARWAL
POTTWAL
SEEELEFANT
CLOWNFISCH
SEEOTTER
FÄCHERFISCH
SEEPFERDCHEN
QUALLE
FUCHSHAI
MARLIN
NILPFERD
KALMAR
SEESTERN
BELUGA
MEERESSCHILDKRÖTE
WALROSS
TÜMMLER
ANGLERFISCH
SEELÖWE
LACHS
HUMMER
PUTZERLIPPFISCH
STECHROCHEN
SÄGEROCHEN
FROSCH
DOKTORFISCH
FLUSSDELFIN
WIMPELFISCH
SCHWEINSWAL
MÜCKENLARVE

MOLCHE

BACKEN-BÄRTE?

Dies ist ein junger Molch. An seinen Wangen hängen braune Fransen. Sie sehen aus wie Backenbärte, doch es sind Kiemen. Der Molch atmet damit unter Wasser. Wenn er größer wird, verschwinden die Kiemen und es entwickelt sich eine Lunge. Damit kann er dann an Land gehen.

• EIN KAMMMOLCH-JAHR •

❶ Die Molche leben die meiste Zeit des Jahres an Land.

❷ Im Frühling gehen sie ins Wasser. Ihr Bauch verfärbt sich orange und das Männchen bekommt einen Hahnenkamm am Rücken. Daher der Name, denn andere Molchmännchen bekommen keinen Kamm.

❸ Das Weibchen klebt jedes einzelne Ei an Wasserpflanzen fest.

❹ Die Molchlarven schwimmen, fressen und wachsen.

❺ Die kleinen Molche sind gut gewachsen und haben Beine bekommen. Nur die kindlichen Kiemen am Kopf sind noch nicht verschwunden.

❻ Jetzt sind sie echte Molche und es ist an der Zeit, aus dem Wasser zu kommen.

Dieses Kammmolch-Männchen hat noch einen weißen Bauch und auch der Rest des Körpers kann etwas Farbe vertragen. Kannst du das übernehmen?

SECHS SALZWASSER-RÄTSEL

**Bei diesen Rätseln geht es um Meerestiere.
Sie sind nicht einfach oder besser gesagt: ziemlich knifflig!**

Komischer Satz

Hier steht ein sehr merkwürdiger Satz. Kannst du herausfinden, was dort steht? Streiche alle Wörter, vor die du das Wort „Meer“ oder „See“ setzen kannst.

Der Schildkröte Manta ist Ungeheuer Gurke krank der größte Stern Mann Rochen Pferdchen.

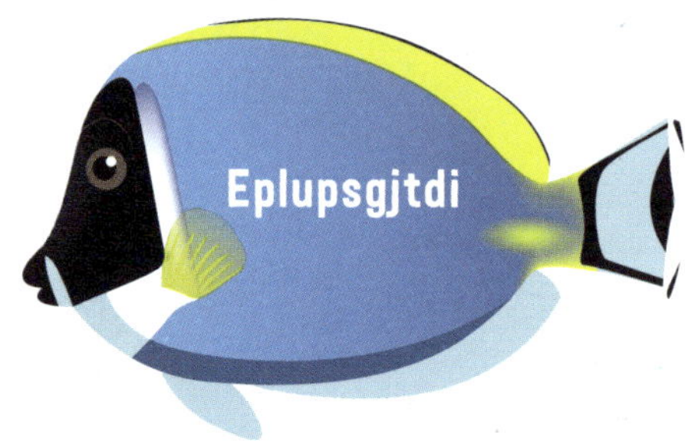

Geheimschrift

Der Name des Fisches ist in Geheimschrift geschrieben. So viel sei verraten: Jeder Buchstabe ist um eine Stelle im Alphabet verschoben. Du musst also immer den vorherigen Buchstaben aufschreiben: C statt D, B statt C und A statt B.

_ _ _ _ _ _ _ _ _ _ _

Fischkreuz

Schreib die Namen der beiden Fische in das Kreuz.

N

_ _ _ _ _ _ _

Bilder-rätsel
Welche Meeres-tiere sind es?

_ _ _ _ _ _	_ _ _ _ _ _	_ _ _ _ _ _ _	_ _ _ _	See _ _ _ _ _
hai	fisch	qualle	rochen	

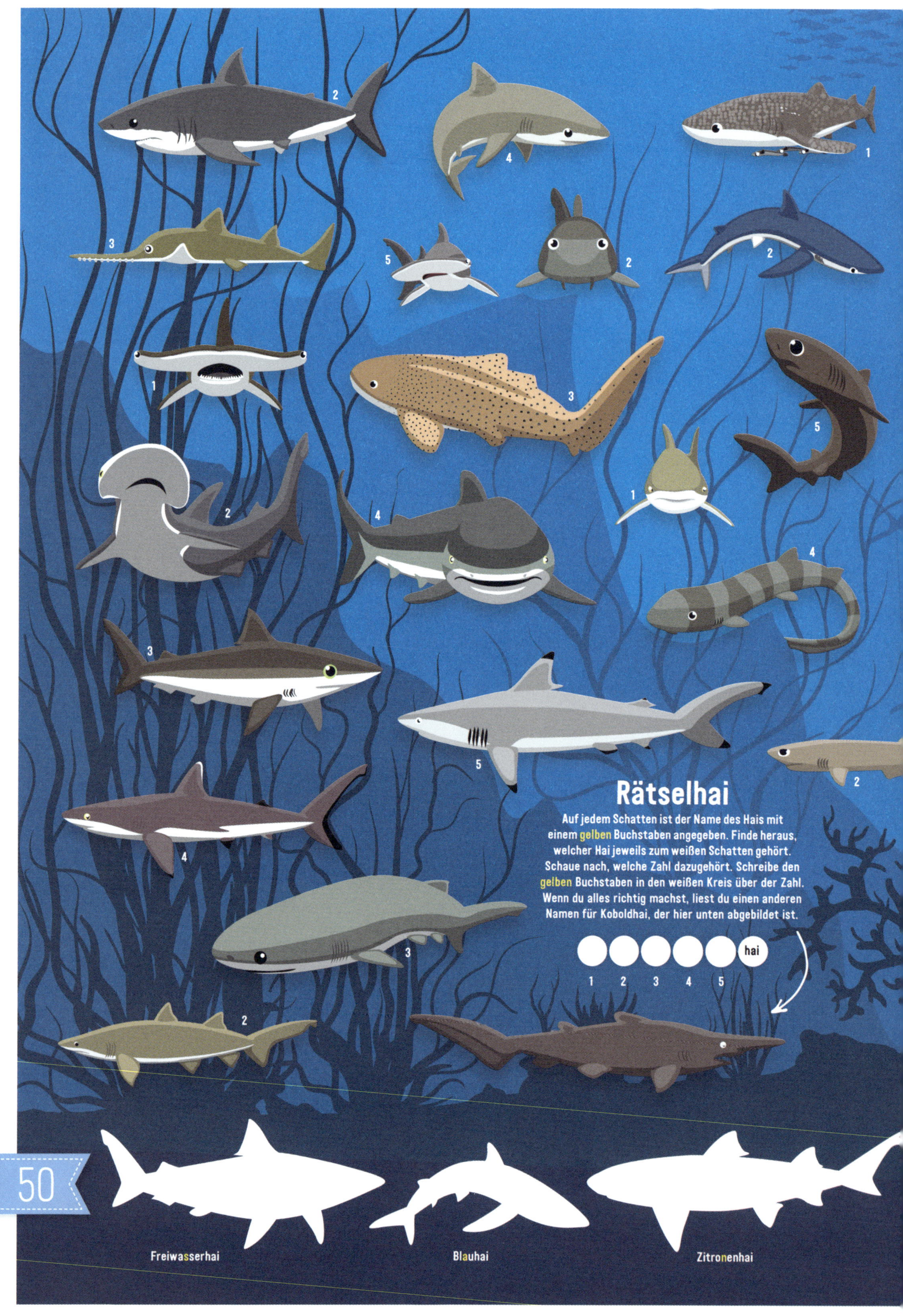
2
4
1
3
5
2
2
1
3
5
2
4
1
4
3
5
2
4
3
2
Rätselhai
Auf jedem Schatten ist der Name des Hais mit einem gelben Buchstaben angegeben. Finde heraus, welcher Hai jeweils zum weißen Schatten gehört. Schaue nach, welche Zahl dazugehört. Schreibe den gelben Buchstaben in den weißen Kreis über der Zahl. Wenn du alles richtig machst, liest du einen anderen Namen für Koboldhai, der hier unten abgebildet ist.
hai
1 2 3 4 5
Freiwasserhai
Blauhai
Zitronenhai

HAIFISCH-
BECKEN
Jeder Hai ist anders.
Es gibt fast 500 verschiedene
Arten, mit seltsamen
Namen und komischen
Körperformen.
1
4
5
1
2
3
5
4
3
1
4
1
2
3
4
5
2
2
3
5
Seidenhai
Zebrahai

KANTIGE FISCHE
Es gibt jede Menge seltsamer Fische. Wie findest du diese Kofferfische? Sie heißen so wegen ihrer sehr eckigen Form. Seit über 450 Mio. Jahren leben sie im Pazifik, meist als Einzelgänger.

Zählen, rechnen & ausmalen

Wie viele Fische siehst du auf dem Ausmalbild? Schreibe die Zahl in den blauen Kreis. Und wie viele Seesterne zählst du? Schreibe diese Zahl in den roten Kreis. Subtrahiere die Zahlen und schreibe das Ergebnis in den grünen Kreis. Multipliziere diese Zahl mit zwei und du erhältst das richtige Ergebnis. Dann erfährst du, wie viele Arme ein Oktopus hat.

◯ - ◯ = ◯ x 2 = ◯

Fertig? Falsch! Fertig bist du erst, wenn du alle Fische, Seesterne und den Rest schön ausgemalt hast.

DELFINE

Kennst du Delfine? Vielleicht sind es sogar deine Lieblingstiere?
Aber wie gut kennst du sie wirklich? Das erfährst du im Quiz.

DAS GROSSE DELFIN-QUIZ

4

2

6

Bei allen acht Fragen geht es um Delfine. Wähle die richtige Antwort und schreibe den Buchstaben in das Kästchen mit der Zahl der betreffenden Frage. Wenn alle Antworten richtig sind, erhältst du ein Wort, unter dem der Delfin auch bekannt ist.

1. Beim Schwimmen bewegt ein Delfin seinen Schwanz ...
   S hin und her.
   T auf und ab.
   U in Kreisen.

2. Wie heißt dieser große schwarz-weiße Delfin?
   H Großer Panda-Delfin
   R Kufin
   U Orca

3. Die Haut eines Delfins fühlt sich an wie ...
   E ein gepelltes hart gekochtes Ei.
   F grobes Schleifpapier.
   G ein mit Rotz verschmiertes Stück Seife.

4. Das ist der Narwal. Die lange Ausstülpung auf dem Kopf ist ein
   K Horn
   M Zahn
   N Schnorchel

5. Die Delfinmutter bekommt ihr Baby ...
   P am Strand.
   O in der Luft (während eines Sprungs).
   M unter Wasser.

6. Dies ist der bekannteste Delfin. Wie wird diese Art genannt?
   K Kleiner Krümmler
   L Großer Tümmler
   P Dicker Lümmler

7. Welche Art von Loch befindet sich oben am Kopf eines Delfins?
   A Augenloch
   D Kehlloch
   E Nasenloch

8. Diesen rosa Delfin gibt es wirklich. Wo schwimmt er?
   R Im Amazonas
   V Unter dem Eis des Nordpols
   W Im Wattenmeer

1	2	3	4	5	6	7	8

8

Riesig

Riesenkelp wächst vom Meeresboden zur Oberfläche. Dieser Seetang wächst einen halben Meter am Tag und wird bis zu 50 Meter hoch.

1

Kugeln

2

Knotentang hat luftige Kugeln an seinen langen Trieben. Unter Wasser halten diese die Alge aufrecht.

Dachgarten

Einige Krabben pflücken Algenstücke und kleben sie auf ihren Panzer. Dort wachsen die Stecklinge zu einem Minigarten. So versteckt sich die Krabbe vor hungrigen Räubern.

3

Köstlich

Das dunkelbraune Blatt um das Sushi wird aus essbaren Algen gemacht.

4

5

Wasserfarbe

Manchmal färbt sich das Wasser durch viele Mikroalgen grün. Oder rosa, wenn es rosa Mikroalgen sind. Sie fühlen sich im salzigen und warmen Meerwasser äußerst wohl.

Meerwald

Im Atlantik wächst ein riesiger schwebender Wald aus Sargassum-Algen.

7

Puderzucker

Wenn Zuckeralgen trocknen, entsteht ein weißes, süßliches Pulver.

6

12 Fakten über Algen

Was früher noch viele in Europa eklig fanden, ist schon längst beliebt geworden: Algen sind sehr gesund und es gibt Tausende essbare Arten, z. B. Wakame, Seaweed, Seefenchel oder Queller ... probier doch mal! Sogar als Snack statt Kartoffelchips sind sie köstlich.

8

Juwelen

Kieselalgen gehören zu den schönsten Pflanzen der Welt. Sie haben eine Schale aus Glas mit Rillen, Beulen und Löchern in wunderschönen Mustern. Schade, dass sie so klein sind.

9

Voller Tropfen

In einem Tropfen Teichwasser kann man bis zu 10 000 Mikroalgen nachweisen.

11

KREUZWORTRÄTSEL

Dieses Kreuzworträtsel ist ganz schön groß und schwierig. Damit es leichter geht, sind einige Kästchen bereits ausgefüllt. Einige Hinweise findest du auf jeder Seite des Buches.

VON LINKS NACH RECHTS

1 Haut zwischen den Zehen von vielen Fröschen. Ermöglicht es einem Wassertier, schneller zu schwimmen.

2 Großes Wassernagetier mit einem flachen Schwanz.

3 Großer Raubfisch aus dem Meer. Er hat ein Maul mit spitzen Zähnen und eine raue Haut.
TIPP: Siehe Seite 50.

4 Großer Süßwasserfisch.
TIPP: Kommt häufig Silvester auf den Tisch.

5 Schleimige Klumpen von Eiern von einem springenden Süßwassertier.
TIPP: Siehe Seite 24.

6 Schwimmen unter Wasser.
TIPP: Menschen machen es mit Luftflaschen auf dem Rücken, Pinguine und Robben halten einfach den Atem an.

7 Eine Robbe, die man auch im Wattenmeer sehen kann.
TIPP: Benannt nach einem bellenden Haustier.

8 Delfin mit einem langen Stoßzahn am Maul. Er schwimmt am Nordpol.
TIPP: Siehe Seite 54.

9 Riesiger Meeressäuger.

10 Muschel mit zwei dicken, wulstigen Schalen.
TIPP: Enthält manchmal eine Perle.

11 Plattfisch mit orangen Punkten.
TIPP: Sein Name ähnelt einem großen Stück Eis.

12 Ein Tier, das im Süßwasser und an Land lebt. Es kann gut springen.
TIPP: Es springt im ganzen Buch herum.

13 Große, dicke Robbe mit buschigem Schnurrbart und zwei langen Stoßzähnen.
TIPP: Siehe Seite 28.

14 Rundes Meerestier. Die Verletzung einiger Arten ist schmerzhaft, das Tier mit einem vierblättrigen Kleeblatt ist nur glitschig.
TIPP: Siehe Seite 16.

15 Meeressäuger mit einem sehr dichten Fell.
TIPP: Der Meeres-Cousin von Nummer 2.

16 Dünne Plättchen auf der Haut. Die meisten Fische sind größtenteils damit bedeckt.
TIPP: Auch ein anderes Wort für eine Hütte.

17 Süßwasserpflanze mit runden schwimmenden Blättern und großen weißen oder rosa Blüten.

18 Süßwassertier mit länglichem Körper, langem Schwanz und vier Beinen.
TIPP: Siehe Seite 46.

19 Damit atmen Fische.
TIPP: „Lunge" ist falsch.

VON OBEN NACH UNTEN

20 Wurm, der auf dem Meeresboden lebt.
TIPP: Reimt sich auf „Blatt"....

21 Walross, Seehund und Seelöwe sind _ _ _ _ _ _.
TIPP: Siehe Seite 28.

22 Seevogel mit sehr buntem Schnabel. Kann gut tauchen.
TIPP: Ist nach einem bunten Vogel aus dem Regenwald benannt.

23 Fisch mit langem schlangenförmigem Körper.

24 Raubfisch im Süßwasser. Hat ein langes Maul und einen länglichen Körper.
TIPP: Reimt sich auf „schlecht".

25 Seevogel aus der Antarktis. Kann sehr gut tauchen.
TIPP: Siehe Seite 12.

26 Großes Wasserreptil mit einem langen Maul voller scharfer Zähne.
TIPP: Pass auf, sonst beißt es dich in den Po.

27 Wasservogel, der gut unter Wasser schwimmen kann. Auch bei uns sehr verbreitet.
TIPP: Reimt sich auf „Raucher".

28 Seefisch mit Ringelschwanz und Saugmaul. Schwimmt aufrecht und ist nicht schnell.
TIPP: Siehe Seite 6.

29 Ein Meerestier mit acht Armen, an denen Saugnäpfe sitzen.
TIPP: Siehe Seite 38.

30 Meerestier mit hartem Panzer und Scheren an den Vorderbeinen.

31 Sehr schneller Meeresfisch mit langer Spitze auf dem Maul.
TIPP: Benannt nach der Waffe eines Ritters.

32 Meerestier mit fünf Armen.
TIPP: Siehe Seite 30.

33 Schalentier mit schweren Schalen.
TIPP: Wird von Menschen gegessen (mit einer schmackhaften Sauce).

34 Das Jungtier einer Stechmücke lebt unter Wasser. Wir nennen es eine Mücken _ _ _ _ _.
TIPP: Siehe Seite 4.

35 Schweres Säugetier, das tagsüber in einem Fluss oder See schwimmt. Es hat ein großes Maul.
TIPP: Benannt nach einem Fluss in Ägypten.

36 Schnatternder Wasservogel mit flachem Schnabel.
TIPP: Siehe Seite 4.

Notiere die Buchstaben in den farbigen Kästchen. Wenn alles richtig ist, liest du den Namen von Tiefseefischen, die in allen Weltmeeren leben und Leuchtorgane besitzen.

S. 8/9

Das sind die Unterschiede:

S. 12

Qualllenparade

S. 17

Doppelt gemoppelt

Die Lösung lautet: Frosch

Abwechselnd

Die richtige Antwort ist: Stichling

Von Kopf bis Fuß

Hecht

Karpfen

Stör

Schüttelfische

Barpfen + Karsch = Karpfen + Barsch
Makfisch + Goldrele = Makrele + Goldfisch
Aalle + Forel = Aal + Forelle
Brelle + Sardasse = Brasse + Sardelle

Fressfeind

Die Leibspeise der Natter ist der Molch.

S. 18/19

Frosch & Kind

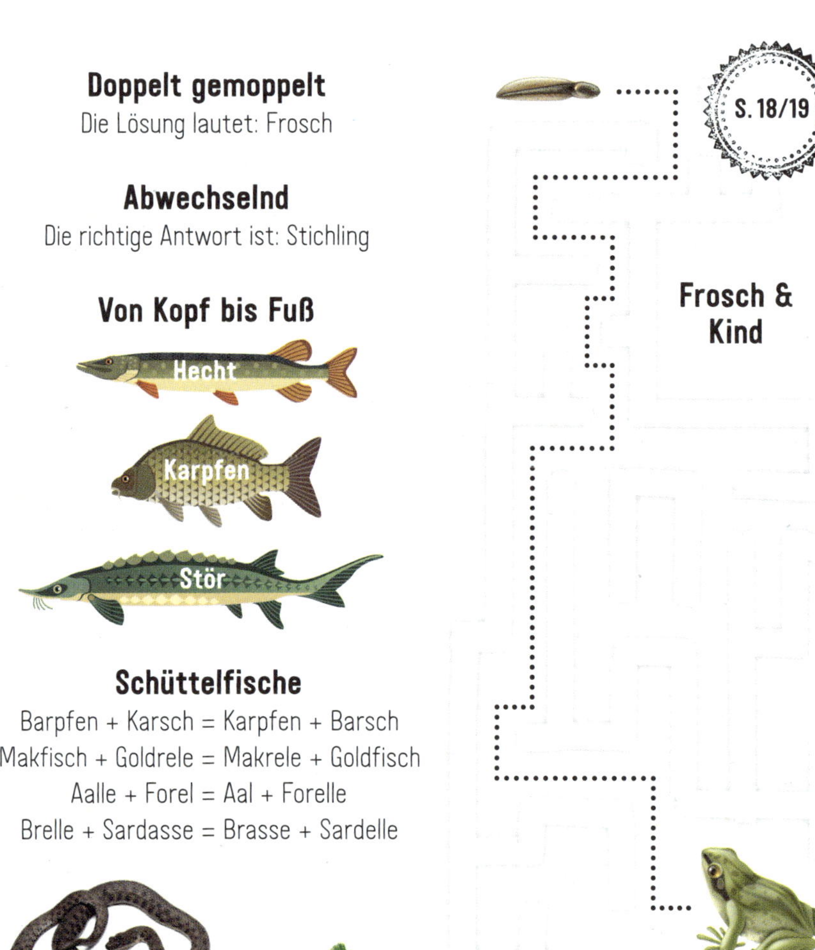

S. 21

Die Lösung ist: Miesmuschelbank

LÖSUNGEN

S. 23 Wie heißt der Fisch?

Brasse

S. 24

Aus einem Klumpen Laich entstehen 1 5 0 0 Kaulquappen.

S. 29 Finde die Fühler

Die Lösung lautet: Barthaare

?

1 M O E N C H S R O **B** B E
2 W **A** L R O S S
3 K E G E L **R** O B B E
4 S E E E L E F A N **T**
5 S E E **H** U N D
6 S E E L E O P **A** R D
7 S **A** T T E L R O B B E
8 S E E B A E **R**
9 S E **E** L O E W E

S. 38/39

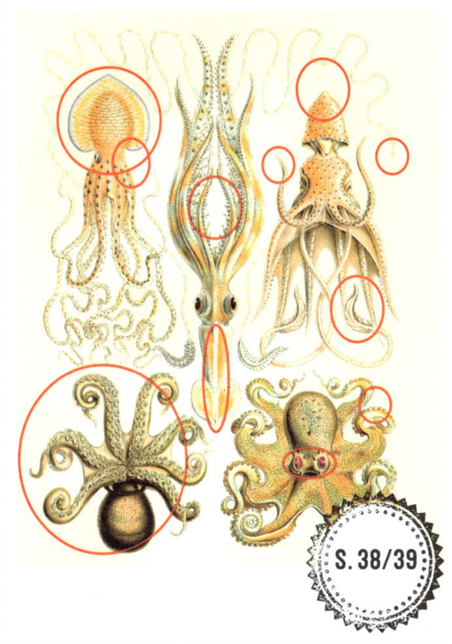

S. 40/41

Feuerfisch

Rochen

Igelfisch

Knurrhahn

Goldmakrele

Schwertfisch

Seehase

Scholle

Drachenkopf

Kofferfisch

LÖSUNGEN

S. 42/43

Taucher oder Strandsucher?

Eierschale eines Katzenhais	Schale von einer Sepia	Skelett von einem Seeigel	Panzer von einer gehäuteten Strandkrabbe	Eierschale von einem Rochen	Zusammengefallene Ohrenqualle	Toter, getrockneter Seestern	Leere Schale von einer Herzmuschel

In den Ozeanen

Die Lösung ist: DIE FUENF WELTMEERE HEISSEN: PAZIFIK, ATLANTIK, INDIK, NORDPOLARMEER, SUEDPOLARMEER

S. 44/45

S. 48/49

Komischer Satz
Der Manta ist der größte Rochen.

Geheimschrift
Doktorfisch

Fischkreuz
Manta & Thunfisch

Buchstabenbläschen
Tümmler

Bilderrätsel

Hammerhai	Kofferfisch	Kompassqualle	Sägerochen	Seestern

S. 50/51

Rätselhai

N A S E N hai

Das große Delfin-Quiz

S. 55

T U E M M L E R

S. 53

Zählen, rechnen & ausmalen

Wenn du richtig gezählt und gerechnet hast, bist du zu diesem Ergebnis gekommen:

7 - 3 = 4 x 2 = 8

Kreuzworträtsel

L A T E R N E N F I S C H E

S. 58/59

1 SCHWIMMHAUT
2 BIBER
4 KARPFEN
HAI
5 LAICH
6 TAUCHEN
SEEHUND
8 NARWAL
QUALLE
WAL
10 AUSTER
11 SCHOLLE
FROSCH
WALROSS
15 SEEOTTER
16 SCHUPPEN
SEEROSE
18 MOLCH
19 KIEMEN

WATTWURM
ROBBEN
PAPAGEIENTAUCHER
REH
AAL
PINGUIN
KROKODIL
HAUBENTAUCHER
KRABBE
OKTOPUS
SEEPFERDCHEN
SCHWERTFISCH
SEESTERN
MUSCHEL
LARVE
NILPFERD
ENTE

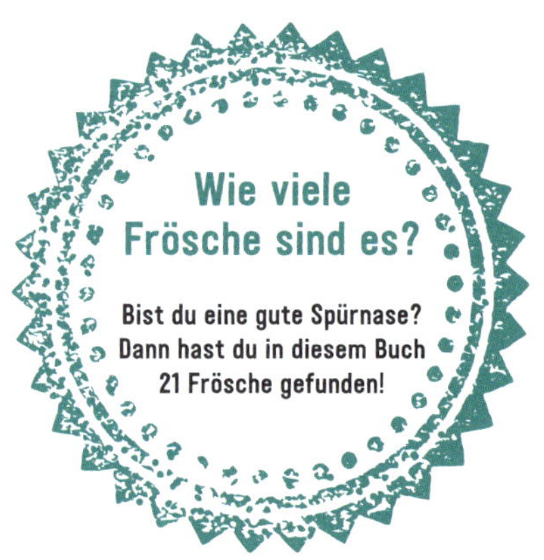

UNTER WASSER
ENTDECKEN · VERSTEHEN · MITMACHEN

ISBN 978-3-95939-219-8
1. Auflage 2023

Originalausgabe erschienen

In Zusammenarbeit mit dem Magazin roots · www.rootsmagazine.nl

Hauptredaktion: Fanny Glazenburg
Artdirektion: Tres Melis
Text und Zusammenstellung: Geert-Jan Roebers
Stellvertretende Hauptredaktion: Caroline Vogel
Design: Marjo de Jong
Illustrationen und Fotografie: Adobe Stock, iStock

Übersetzung: Birgit van der Avoort
Fachlektorat: PD Dr. Fabian Herder
Korrektorat: Kathrin Bögelsack
Satz: Christiane Dunkel-Koberg

Bohem Press GmbH, Hafenweg 30, 48155 Münster, Deutschland
www.bohem-verlag.de

Gedruckt auf Papier aus nachhaltigen Quellen in Europa.

WEITERE TITEL DER SERIE

* Entdecken · Verstehen · Mitmachen *

NATUR

Entdecken · Verstehen · Mitmachen

Ab 5 Jahren / 72 S. / 21 x 28,4 cm / vollfarbig
Steifbroschur mit Prägung
und offer Fadenheftung
ISBN 978-3-95939-072-9

VÖGEL

Entdecken · Verstehen · Mitmachen

Ab 5 Jahren / 72 S. / 21 x 28,4 cm / vollfarbig
Steifbroschur mit Prägung
und offer Fadenheftung
ISBN 978-3-95939-082-8

INSEKTEN & CO.

Entdecken · Verstehen · Mitmachen

Ab 5 Jahren / 72 S. / 21 x 28,4 cm / vollfarbig
Steifbroschur mit Metallicfolienprägung
und offer Fadenheftung
ISBN 978-3-95939-095-8

ALLE TITEL FINDEN SIE IN JEDER BUCHHANDLUNG
UND IM ONLINEBUCHHANDEL.

BOHEM